PIERRE LAURIS

Avignon révolutionnaire

Comment le Palais des Papes
et le pâys de Vaucluse
sont devenus Français

VENDU AU PROFIT DU MONUMENT GAMBETTA, A CAVAILLON

PRIX : 0.50 CENTIMES

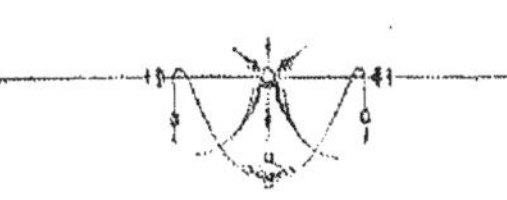

CAVAILLON

MISTRAL, IMPRIMEUR - ÉDITEUR

6, Place du Commerce, 6

1907

Avignon révolutionnaire

Pierre LAURIS

Avignon révolutionnaire

Comment le Palais des Papes
et le pays de Vaucluse
sont devenus Français

PRIX : 0,50 CENTIMES

CAVAILLON
MISTRAL, Imprimeur-Éditeur
6, Place du Commerce, 6

1907

Avignon révolutionnaire

Les restaurations en cours au Palais des Papes, l'exposition par laquelle la municipalité Avignonnaise y marque sa reprise des locaux désaffectés de la caserne Duprat, appellent l'attention sur cet illustre monument. Les visiteurs qui veulent connaître ses origines et ses annales artistiques trouvent à consulter de nombreux ouvrages. Il nous a paru intéressant d'ajouter à ces publications quelques pages sur les événements et les hommes par lesquels ce Palais papal et le pays de Vaucluse, possessions italiennes jusqu'à la Révolution, furent réunis à la patrie française.

L'ignorance sur cette partie de notre histoire est aussi générale que profonde ; et les quelques rares notions qui en sont répandues relèvent plutôt de la légende et du roman. Les drames qui l'ensanglantèrent ont fait perdre de vue sa haute portée politique :

le prélude de la chûte du pouvoir temporel des papes ;
l'affirmation par les révolutionnaires avignonnais,
avant tous les autres, du droit des peuples à disposer
d'eux-mêmes. Pour faire triompher leur volonté de
s'unir à la France, pendant près de deux années, ils
durent lutter. Ceux qui avaient pris la Bastille et proclamé les principes de la Révolution, tout d'abord
reculèrent devant l'audace du vœu d'Avignon et
n'osèrent arborer les couleurs françaises aux tours du
Palais des Papes. La réunion s'accomplit enfin, après
de cruels déchirements et de douloureux sacrifices
de vies humaines. Le respect et la pitié, qui sont dûs
à la mémoire des victimes, ne sauraient faire oublier
les bienfaits de cette grande crise historique.

Origine des possessions pontificales en France. Leur état à la veille de la Révolution

Lorsqu'en 1309, la papauté passa temporairement
des rives du Tibre aux bords du Rhône, Avignon
constituait un état distinct du Comtat-Venaissin. Le
Comtat, avec Carpentras pour capitale, s'étendait du
Ventoux à la montagne de Vaucluse et à Cavaillon
sur la Durance. Il avait été enlevé aux comtes de
Toulouse et donné aux souverains pontifes à la suite
des guerres religieuses du treizième siècle, après l'extermination des Albigeois. Quant à Avignon, il fut
vendu au Saint-Siège, en 1348, par Jeanne de Naples,
comtesse de Provence.

A la veille de la Révolution, les papes retournés depuis plusieurs siècles en Italie, négligeaient fort leurs Etats du Rhône et laissaient s'y perpétuer les abus de la théocratie. Les prêtres italiens, que la Cour apostolique y envoyait pour gouverner, ne pensaient qu'à profiter largement de leur passage en ces postes lointains et à regagner bien vite leur capitale romaine. Aucun d'eux n'eût songé à proposer les réformes nécessaires dans un organisme social devenu caduc.

Comme un symbole de cette caducité, le superbe palais bâti par les papes d'autrefois, tombait lui-même en déchéance. Les bâtiments du nord, autour du cloître de Benoît XII, manquaient, sur certains points, de toitures, en d'autres endroits, au-dessus des basses fosses et des cachots, avaient été transformés en prisons. Des édifices entourant la grande cour d'honneur, quelques-uns servaient de caserne aux gardes pontificaux, et d'arsenal, la plupart avaient cessé d'être entretenus. Seule, la partie méridionale rappelait les splendeurs de jadis avec ses deux vastes nefs gothiques superposées et les appartements du vice-légat, à l'est, vers la place de la Mirande.

Mai et Juin 1790. — Hostilités entre papistes et révolutionnaires.— Pendaisons. — Expulsion du vice-legat. — Avignon se proclame libre et s'offre à la France.

Tandis que les ecclésiastiques italiens exerçaient

encore un pouvoir suranné sur les possessions papales des bords du Rhône, en France la Révolution avait éclaté. L'Assemblée constituante abolissait les droits féodaux, déclarait les droits de l'homme, préparait un régime nouveau inspiré de justice et de liberté. Le mouvement révolutionnaire gagnait Avignon et le Comtat.

Avignon surtout, par sa situation sur la grande route de Paris en Provence, avait plus facilement reçu et subi l'influence française. Les idées philosophiques, ce qu'on appelle aujourd'hui « l'esprit laïque », y avaient pénétré, et un important parti s'y était formé, résolu à *dépapiser* le pays. Sans méconnaître l'éclat que le règne des papes avait pu, autrefois, répandre sur Avignon, ce parti affirmait qu'il fallait désormais s'unir à la France pour participer avec elle aux avantages de sa rénovation politique ; il refusait de subir plus longtemps un gouvernement théocratique ayant pour principe, à la fois au temporel et au spirituel, le double absolutisme du souverain ; très avancé pour cette époque, il proclamait déjà le droit des peuples supérieur au droit divin.

Grâce à ses efforts, on avait arraché au vice-légat Casoni la constitution d'une municipalité élue et d'une garde nationale, semblables à celles qui ve_ naient d'être créées en France. L'Assemblée municipale, installée vers la fin d'avril 1790, avait débuté en faisant abolir le tribunal de l'Inquisition et jeter bas le redoutable appareil du supplice de *l'Estrapade*.

Mais bientôt la Cour de Rome désavouait son représentant et engageant la lutte, dépêchait le procureur Célestini muni de menaçants pouvoirs.

En même temps s'agitaient, avec l'aristocratie avignonnaise et comtadine, les partisans du régime papal, tous ceux qu'irritait le progrès des idées nouvelles. Le 27 mai 1790, ils faisaient afficher partout à Avignon des placards vouant au châtiment public les chefs du parti français ; et, comme un avertissement, ils pendaint à la potence d'une enseigne de la place des *Corps-Saints*, un mannequin costumé en officier municipal, décoré de l'écharpe aux couleurs françaises. De terribles représailles suivaient. Les révolutionnaires arrêtaient un certain nombre de leurs adversaires, et, le 11 Juin, les marquis de Rochegude et d'Aulan, l'abbé Offray, et une autre malheureuse victime étaient pendus, comme le mannequin. Le lendemain, on expulsait le vice-légat, on déclarait la nation avignonnaise « libre et souveraine », et on envoyait à Paris des délégués pour demander à l'Assemblée constituante la prompte réunion d'Avignon à la France.

L'offre des Avignonnais est rejetée. — L'Assemblée représentative du Comtat soutient les papistes — Forces révolutionnaires à Avignon.

Il semblait que cette offre des avignonnais dût être accueillie d'enthousiasme. Déjà en novembre 1789, lors de la discussion de l'organisation départementale, l'avocat Bouche, député de Provence, au nom de ses commettants avait réclamé l'annexion des possessions pontificales. L'existence de cette province étra[illegible] sur les bords du plus grand fleuve de France [illegible] pant les communications naturelles entre Ly[illegible] Marseille, était, en effet, contraire à tous les intérêts tant économiques que politiques du pays.

Mais au gouvernement du pieux Louis XVI et à la majorité encore profondément catholique et royaliste de l'Assemblée nationale, l'acceptation de la proposition faite par les sujets révoltés du pape, eût paru un véritable attentat contre l'Eglise, une audacieuse violation du droit des souverains sur leurs peuples. La vente des biens ecclésiastiques, la constitution civile du clergé, causaient, à ce moment, de graves embarras ; la guerre religieuse venait d'ensanglanter Nîmes et Montauban ; on craignait de soulever de dangereuses complications avec le Saint-Siège et les puissances catholiques si on annexait à la France « la sainte ville du Rhône, la petite Rome du pape, Avignon ». Quand le 24 juin 1790, Bouche reprit sa motion, en présentant à l'Assemblée constituante la députation avignonnaise, elle fut l'objet d'un déplorable ajournement. Quinze mois allaient s'écouler sans que la réunion d'Avignon et du Comtat pût être votée.

Peu de temps après, paraissait un manifeste du pape aux chefs d'état, dans lequel il leur dénonçait

les dangers de la révolution avignonnaise comme
menaçant « la cause commune de tous les souverains ». En novembre 1790, l'affaire d'Avignon était,
pour seconde fois discutée à la constituante. L'abbé
Maury s'élevait violemment contre la réunion, et
Mirabeau au nom du Comité diplomatique, faisait
adopter un nouvel ajournement.

Cette résistance de la Cour et de la majorité de
l'Assemblée nationale au vœu du parti français
d'Avignon, devait fatalement allumer la guerre civile dans l'enclave pontificale et aboutir aux pires
catastrophes. C'est ce qu'exprimait à la fin de décembre 1790, une adresse du département des Bouches-du-Rhône protestant contre l'attitude du gouvernement royal à l'égard des avignonnais : « la ligue
ennemie cherche à étouffer la voix de ce peuple, mais
nous craignons que le réveil du patriotisme opprimé ne soit terrible ! »

L'échec de la délégation avignonnaise à Paris
était un encouragement pour l'élément papiste qui
dominait encore dans le Comtat. Il y possédait la majorité à *l'Assemblée représentative*, et grâce au concours d'une troupe armée, commandée par le baron
de Saint-Christol, il maintenait dans l'obéissance au
souverain apostolique les trois villes les plus importantes : Carpentras, l'Isle, et Cavaillon. Les partisans
de la France y étaient persécutés. Beaucoup d'entre
eux se réfugiaient à Avignon.

Ils y trouvaient l'appui d'un parti d'action formé
par les plus ardents adversaires du pouvoir ultra-
montain qui se séparaient peu à peu de la municipalité, trop modérée, et qui, malgré les obstacles, étaient
résolus à lutter jusqu'au bout pour le droit d'être
français. Les patriotes des Bouches-du-Rhône, les
protestants du Gard, naturellement anti-papistes, sou-
tenaient ce parti, venaient se joindre à lui. Après
l'ajournement de l'annexion, on avait détaché à Avignon pour y aider au maintien de l ordre, le régiment de Soissonnais, et des dragons de Penthièvre.
Soissonnais et dragons échappaient à leurs officiers
aristocrates, s'offraient aux révolutionnaires ; avec
eux, les gardes nationaux des campagnes voisines et
du quartier populaire de la Carreterie étaient prêts
à combattre les papistes comtadins et à prévenir
ainsi une contre-révolution.

Quelques citoyens résolus groupaient autour d'eux
ces forces révolutionnaires : le notaire Lescuyer
greffier de la commune, tête du parti ; des hommes
d'action officiers dans la milice : Duprat ainé, plus
tard général de l'empire ; Jourdan, ancien muletier,
futur chef d'escadron de la gendarmerie de Vaucluse,
actuellement voiturier de garances, l'idole des paysans
et des ouvriers de la Carreterie ; Rovère, autrefois
mousquetaire ; Duprat jeune. Minvielle, commer-
çants en soieries ; le gazetier Sabin Tournal, et son
commis, Agricol Moureau, récemment encore congréganiste à Beaucaire, bientôt terroriste. Un commun

idéal d'émancipation politique et religieuse unissait ces hommes d'origine et de caractère si divers.

Janvier 1791. — L'armée révolutionnaire entreprend pour la France la conquête du Comtat. — Prise de Cavaillon. — Tentative sur Carpentras.

Une provocation du baron de Saint Christol fut le signal de la guerre civile. Avec sa troupe, il vint à Cavaillon abattre les armes de France arborées par les patriotes et y relever le blason pontifical. Menacés dans leur sécurité, cinq cents patriotes cavaillonnais furent obligés d'émigrer vers Avignon et d'y demander protection aux chefs révolutionnaires du parti français. A l'appel de ceux-ci, une armée de trois mille hommes se forme rapidement, composée, au premier rang, des patriotes cavaillonnais impatients de reconquérir leur pays, de soldats de Soissonnais et de Penthièvre, de gardes nationaux d'Avignon, des Bouches-du-Rhône et du Gard. Un ancien officier de marine, le chevalier Patrix, major-général de la garde nationale avignonnaise la commande, ayant pour lieutenants Duprat aîné, Jourdan et Minvielle. Le 10 janvier 1791, elle pénètre à Cavaillon après un siège de quelques heures, et au milieu des excès inséparables de telles expéditions, y rétablit les armes de France. Se sentant protégés, les patriotes reprenaient aussitôt les couleurs françaises non seulement à Cavaillon **mais dans la plupart des villes du Comtat.**

Quelques jours après, le 22 janvier 1791, l'armée avignonnaise tente un coup de main sur Carpentras dont la prise aurait entraîné la débâcle du parti pontifical. Mais un ouragan de neige, un miracle de la Vierge dirent les Comtadins, jette le désordre dans ses rangs et la force à battre en retraite. Sous la menace des bataillons révolutionnaires *l'Assemblée représentative* du Comtat s'était dissoute, le 10 janvier, et le 14 janvier, on avait voté à Carpentras, dans un conseil populaire, la réunion à la France. La capitale du Comtat, n'en demeurait pas moins, avec son enceinte de hautes murailles, avec sa puissante aristocratie, la citadelle des ennemis de la Révolution, le point de ralliement des papistes de la région du Ventoux.

L'Union de Sainte-Cécile pour le Pape. — L'Assemblée électorale de Vaucluse pour la France.

La noblesse comtadine organisa la résistance contre Avignon. Bientôt, en mars 1791, elle était parvenue à créer, sous la présidence de M. d'Autane, de Valréas, une fédération des communes du Haut-Comtat. Ce groupement s'appela l'*Union de Sainte-Cécile,* du nom de la petite ville où siégea son assemblée, point central pour ses adhérents. Il fut en relations suivies avec les contre-révolutionnaires des Cévennes, avec l'abbé Maury, de Valréas comme son président, défenseur passionné des intérêts de Rome à la constituante.

En face de l'*Union de Sainte-Cécile*, les avignonnais dressèrent leur fédération anti-papiste, à laquelle se joignaient, avec deux des principales villes du Comtat, Cavaillon et l'Isle, la plupart des communes des environs de Vaucluse, de la plaine de la Durance et des bords du Rhône. Ce groupe eût aussi son assemblée qui tint sa première séance à Avignon le 19 mars 1791, sous la présidence de Duprat jeune, et prit le titre *d'Assemblée électorale de Vaucluse*. Son but principal, était, en effet, de préparer parmi toutes ses municipalités fédérées, des élections qui affirmeraient le vœu général de réunion au peuple français, et entraineraient enfin l'acceptation, par les représentants de la France, du don répété qu'Avignon et ses alliés leur faisaient du beau pays de Vaucluse.

Avril et mai 1791. — Massacre de Vaison par les Papistes. — Rentrée en campagne de l'armée révolutionnaire. — Combat de Sarrians. — Siège de Carpentras. — Camp de Monteux.

Les hostilités entre l'*Union de Sainte-Cécile* et *l'assemblée électorale de Vaucluse* commencèrent encore par une provocation des papistes. Le 14 avril

1791, les troupes de *l'Union* s'emparèrent brusquement de Vaison qui avait adhéré au mouvement révolutionnaire, massacrèrent La Villasse, son maire, Anselme autre patriote, et se livrèrent à de barbares excès. L'annonce de ce massacre souleva à Avignon une explosion de colère. Immédiatement *l'Assemblée de Vaucluse* mobilisa son armée pour marcher sur le Haut-Comtat, y réprimer ces crimes et en conjurer le retour. Les mêmes bataillons qui avaient assiégé Cavaillon et Carpentras, reprenaient la lutte avec le désir de venger les victimes de Vaison et d'achever la conquête du Comtat pour la France.

L'armée de Vaucluse quitta Avignon le 18 avril 1791 au milieu d'un fiévreux enthousiasme, armée d'insurgés, aux équipements disparates, où les uniformes se mêlaient aux blouses bleues et aux manteaux de bure des paysans et des ouvriers. Autour du chevalier Patrix, son général, un état-major de chefs révolutionnaires : Rovère ayant pour aide de camp le fils de Lescuyer à peine âgé de seize ans, Minvielle, Duprat aîné, Duprat jeune, qui avait amené sa jeune femme, toujours à cheval près de lui, Jourdan qui était venu avec ses attelages pour les munitions, à la fois capitaine et convoyeur, un marquis patriote, d'Antonelle maire d'Arles, suivi d'une batterie de canons arlésiens.

Les Avignonnais rencontrèrent à Sarrians les Comtadins de Sainte-Cécile, et leur infligèrent une défaite dont l'*Union* ne devait plus se relever ; puis ils allèrent s'établir en face de Carpentras dont ils entreprirent le siège. Leur camp fut installé à Monteux. Ils espéraient s'emparer promptement de la ville. Sa résistance inattendue les déçut.

Bientôt l'attitude du chevalier Patrix le fit suspecter de connivence avec les aristocrates qui dirigeaient les assiégés. Les soldats l'accusèrent de trahison et sommairement l'exécutèrent. Personne ne brigua sa périlleuse succession. Les meneurs de l'armée décidèrent Jourdan à l'accepter. Avec sa robuste carrure, sa bravoure et sa grossière faconde, le populaire officier de la Carreterie était une force qu'on utiliserait pour conduire ces turbulentes milices plébéïennes. Il fut élu général. Rovère et les Duprat plus instruits, plus habiles, commandèrent sous son nom.

Les opérations du siège recommencèrent activement. On s'avança sous les murs de Carpentras ; d'Antonelle mit en position l'artillerie et fit pleuvoir ses boulets sur la ville. La citadelle comtadine tint bon. Dans une sortie des papistes, Rovère qui caracolait à côté de son ami Jourdan, eût son cheval tué sous lui et faillit périr. Les Avignonnais durent se résigner à un simple blocus. Les lieutenants de Jourdan en profitèrent pour parcourir le Haut-Comtat et le conquérir à la fédération vauclusienne, promettant partout aux patriotes la prochaine réunion à la France,

Discussion à l'Assemblée Constituante et rejet de la réunion d'Avignon à la France.

A Paris, on commençait à s'émouvoir de cette détestable guerre civile. La discussion sur l'affaire d'Avignon avait repris à l'Assemblée constituante pour la troisième fois et se poursuivit de la fin d'avril au milieu de mai 1791. Les ultramontains y firent assaut de violences et de calomnies. L'abbé Maury représenta l'armée d'Avignon comme une horde de cannibales, et son général, comme étant le légendaire *coupe-tête* des journées tragiques de la Révolution. Bouche, député de Provence, protesta contre ces impostures et dans l'ardeur de sa riposte, s'écarta lui-même de la vérité, montrant l'évêque de Vaison, un crucifix d'une main, un poignard de l'autre, foulant aux pieds les cadavres de La Villasse et d'Anselme, au milieu de sanguinaires aristocrates.

Robespierre parla le langage du bon sens et de la modération : « Il faut de l'indulgence pour tous les partis dans une révolution... il y a deux partis dans le Comtat : celui qui désire secouer un joug oppresseur et celui qui veut le conserver, peut-être parce qu'il en profite. Ce dernier parti a été vaincu jusqu'aujourd'hui. Qu'on le plaigne si l'on veut, mais qu'on vienne au secours de tous ! On ne le peut qu'en prononçant la réunion... » et encore : « on en est venu aux mains ; le parti populaire a vaincu, la ligue des aristocrates a été victime de son opposition, et on appelle cela du brigandage !... qu'on apprenne donc au peuple le moyen de se ressaisir de ses droits sans insurrection !... »

Menou critiqua « l'influence secrète » qui faisait ajourner l'adoption du vœu des Avignonnais et la déclara responsable de tous les malheurs qui en résultaient. Voulland, député du Gard, affirma que Carpentras avait organisé une véritable *armée italienne* aux ordres des aristocrates et des prêtres, destinée à prêter main-forte à l'insurrection qui se préparait dans les Cévennes.

L'abbé Maury répliqua par un appel aux convictions royalistes de l'assemblée et par la menace de l'invasion : « Il s'agit seulement de savoir si le pape est légitime souverain d'Avignon... (*une voix de gauche* : non ! il ne l'est pas même de Rome !...) Si vous contestez les droits du pape, est-il un seul prince qui soit en sûreté dans ses Etats ? L'Europe entière est en mouvement. Voulez-vous provoquer l'entrée des étrangers dans le royaume !... »

Le club des Jacobins, de son côté, discutait l'affaire d'Avignon et opinait pour la réunion, d'après ce « principe qu'un peuple s'appartient à lui-même et non à un individu quelconque, et qu'il peut s'incorporer à un autre peuple souverain, lorsque celui-ci veut le recevoir ».

Finalement le décret de réunion fut rejeté par la Constituante dans la séance du 17 mai 1791. Cepen-

dant on votait le 25 mai l'envoi de trois *médiateurs*
qui devaient s'efforcer d'amener la paix entre l'armée
d'Avignon et celle de Carpentras.

**Juin et Juillet 1791 — Division du parti fran-
çais : royalistes et patriotes. — Les médiateurs.
— Levée du camp de Monteux. — Massacre de
Caromb par les papistes.**

La pacification devenait de plus en plus difficile à
Avignon. Du camp de Monteux, les milliers de gardes nationaux qui avaient quitté leurs champs ou
leurs ateliers pour aller guerroyer contre les papistes
réclamaient vainement leur solde à la municipalité
avignonnaise. Celle-ci s'effrayait des tendances des
chefs de l'assemblée et de l'armée de Vaucluse qui
accusaient le roi de France de faire cause commune
avec le pape et d'empêcher la réunion. Duprat jeune
avait transféré le siège de l'assemblée à Cavaillon.
Autour de Richard, le maire d'Avignon, s'était formé
un groupe purement royaliste s'éloignant chaque jour
davantage des patriotes révolutionnaires : Lescuyer,
Rovère, les Duprat et leurs compagnons d'armes.

La scission du parti français s'aggrava encore après
les évènements du 20 juin 1791. La tentative d'émi-
gration de Louis XVI avortée à Varennes, les menaces de représailles du général Bouillé, déterminèrent
dans la France entière, comme à la Constituante, une
évolution vers le principe de la souveraineté du
peuple, préparèrent la déchéance du roi, l'avènement

de la République. Lescuyer et ses amis suivirent les révolutionnaires français dans leur marche vers la démocratie. Le maire Richard et ses partisans demeurèrent invariablement fidèles au roi.

Quand les *médiateurs* arrivèrent à Avignon, au milieu de Juin 1791, ils se trouvèrent donc en présence non plus seulement de deux, mais de trois partis : les papistes, les royalistes municipaux qui s'en rapprochaient peu à peu et les patriotes de l'assemblée et de l'armée de Vaucluse. L'abbé Mulot, l'un des médiateurs, perdit toute autorité en se compromettant avec les royalistes ; ses collègues Lescène-Desmaisons et de Verninac-Saint-Maur, surent, au contraire, négocier heureusement avec les chefs de l'armée. Ils obtinrent d'eux la levée du camp de Monteux et la dislocation de leurs troupes après leur rentrée à Avignon, fin juin 1791.

Mais ils ne purent arrêter les vengeances qui, en beaucoup de communes, furent exercées contre les soldats révolutionnaires regagnant leurs foyers ; un de leurs détachements fut exterminé à Caromb dans des circonstances atroces. Ils furent également impuissants pour empêcher la guerre des partis de se rallumer à Avignon même. Le 25 juillet 1791, le maire Richard faisait décréter de prise de corps quelques-uns des principaux patriotes, parmi lesquels Lescuyer, Duprat aîné et Minvielle. Ceux-ci parvenaient à s'enfuir, non sans méditer un retour offensif contre les royalistes.

Août et septembre 1791. — Les patriotes chassent les royalistes de la mairie d'Avignon. — Les délégués d'Avignon et du Comtat réunis à Bédarrides se prononcent pour la France. — L'Assemblée Constituante vote le décret de réunion.

Le 21 août 1791, les patriotes en fuite depuis les décrets d'arrestation lancés contre eux par les municipaux royalistes reparaissaient à Avignon, et avec l'aide de Jourdan et de ses gardes nationaux de la Carreterie, prenaient leur revanche. A défaut du maire Richard qui leur échappait, ils faisaient incarcérer quatre de ses conseillers, plusieurs autres de ses partisans, et la belle Madame Niel chez qui se concertaient l'abbé Mulot et leurs adversaires. La municipalité royaliste était remplacée par cinq *administrateurs provisoires* révolutionnaires. Lescuyer reprenait auprès d'eux ses fonctions de secrétaire-greffier. Jourdan, nommé commandant du Fort, — on désignait ainsi maintenant le Palais des Papes, — allait occuper les appartements des vice-légats.

Cette victoire des patriotes se rattachait directement à un autre succès qui venait de couronner leurs efforts et devait hâter le triomphe de leurs revendications. Ils avaient réussi à rassembler à Bédarrides des délégués élus par Avignon et la presque totalité des communes du Comtat en vue de délibérer sur la réunion à la France. Le 18 août 1791 cette réunion fut votée par 70 voix contre 19 seulement pour le pape. C'est ce vote qui avait enhardi Lescuyer et ses amis à rentrer à Avignon, et, trois jours après, à chasser de la mairie les royalistes.

Lescène et de Verninac retournèrent à Paris faire leur rapport à la Constituante, laissant, pour continuer la médiation, l'abbé Mulot. Mais celui-ci se désintéressa de sa mission et se retira à Sorgues, abandonnant la ville papale aux dangers que l'exaltation des passions religieuses et politiques y rendait imminents.

L'affaire d'Avignon fut discutée une dernière fois à l'Assemblée nationale. L'influence royale ne s'exerçait plus que faiblement, le parti avancé dominait de plus en plus. L'abbé Maury reprit sa thèse anti-française, agita de nouveau la légende des brigands de l'armée de Vaucluse et du général *coupe-tête*, lutta désespérément en faveur du pape. Le médiateur de Verninac fit justice de ces calomnies, et avec la majorité de l'assemblée rendît hommage aux citoyens de l'armée vauclusienne « qui avaient tout sacrifié à la liberté et qui méritaient l'estime et la considération. »

La cause des révolutionnaires l'emportaitenfin. Le 14 septembre 1791, l'Assemblée Constituante décréta : « qu'en vertu des droits de la France et conformément au vœu de la majorité des communes, les deux Etats d'Avignon et du Comtat-Venaissin faisaient partie intégrante de l'Empire français. » Ils for-

maient deux districts : de Vaucluse avec Avignon,
de l'Ouvèze avec Carpentras, et n'étaient englobés
dans aucun département. Trois commissaires civils
furent nommés pour aller procéder à leur organisation. On lit, dans le mémoire franco-italien publié
par la Cour pontificale en 1793 que ce décret excita
la surprise et l'indignation de tout l'univers : « Eccitò
la sorprese, é l'indignazione d'ell' universo mondo. »
Ces expressions trahissent bien la profonde irritation
avec laquelle fut accueilli à Rome le succès des revendications avignonnaises.

Octobre 1791. — **Le roi retarde l'exécution du
décret de réunion. — L'anarchie à Avignon. —
Massacre de Lescuyer par les papistes. — Mas-
sare de la « Glacière » par les révolutionnaires.**

Le devoir du gouvernement royal eut été d'exécu-
ter, sans délai. ce décret de réunion depuis si longtemps et si impatiemment attendu. Les intrigues
ecclésiastiques auprès de la cour de Louis XVI occa-
sionnèrent de coupables retards. La Constituante allait se séparer ; la Législative qui devait lui succéder
n'était point encore rassemblée. Les ministres du roi
en profitèrent pour ajourner la prise de possession
d'Avignon et du Comtat. On espérait sans doute que
la nouvelle législature, faisant acte de repentir, re-
viendrait sur le vote qui avait consacré la déchéance

du pape dans ses Etats du Rhône. On laissa ainsi ce malheureux pays en proie à l'anarchie, livré aux déchirements des partis, à l'accumulation des haines qui, soudainement, éclateraient dans le coup de sang des massacres.

Il fallait des ressources pour solder les comptes du camp de Monteux et de l'assemblée électorale. Lescuyer, qui dirigeait l'administration provisoire, chercha à s'en procurer par des contributions imposées aux trésors des couvents, par des ventes de cloches et de biens d'église. Moines et prêtres criérent leurs plaintes, éveillèrent les colères des dévotions blessées. Le bruit se répandit que la Commune allait aussi s'emparer des bijoux du mont-de-piété. Le 16 octobre 1791, des groupes tumultueux de papistes envahissent l'église des Cordeliers ; hommes, femmes, enfants sont excités par la vue d'une statue de vierge miraculeuse dont on leur dit que le visage a rougi sous la honte des attentats révolutionnaires. Lescuyer est amené au milieu de ces furieux pour expliquer sa conduite. Mais les clameurs couvrent sa voix et bientôt le chef des patriotes tombe au pied de l'autel, frappé de mille coups.

Le médiateur Mulot qui, avec les troupes françaises dont il disposait, eût dû être à Avignon pour arrêter le carnage, demeurait inactif à Sorgues. Les *administrateurs provisoires*, réduits aux seules forces de la garde nationale avignonnaise, requièrent Duprat aîné, son colonel, et Jourdan, commandant du *fort*,

qui lancent aussitôt des patrouilles et arrêtent tous
ceux qui leur sont signalés comme auteurs ou complices de l'assassinat de Lescuyer. On traîne ces malheureux aux prisons du *fort* ; on les jette pêle-mêle
avec les royalistes détenus depuis le 31 août. A leur
suite, un flot de révolutionnaires affolés, irrésistibles,
se précipite. Le fils de Lescuyer est parmi ces force-
nés, joint ses larmes à leurs fureurs, avec eux réclame
un immédiat châtiment. Le cadavre de son père n'est
point encore refroidi ; quelques heures à peine se sont
écoulées ; dès la nuit de ce même sanglant 16 octobre,
soixante victimes, papistes ou royalistes, coupables
ou innocents, expient cruellement le crime de l'église
des Cordeliers.

D'après les *Mémoires de Barbaroux*, le fils de Lescuyer « tua de ses mains sept de ceux qu'il disait être
la cause de l'assassinat de son père... » Les massacreurs, armés au hasard, dans cet accès de folie
homicide, frappèrent à coups de hache et de barres
de fer, assommèrent avec des bâtons, égorgèrent
avec des couteaux. Ils traînaient les corps pantelants
vers le coin de la la tour de Trouillas où s'ouvrait
béante l'ancienne *glacière* du Palais, et les lançaient
dans cet abîme, croyant les y ensevelir à jamais. Le
lendemain, on faisait à Lescuyer, après l'avoir si
atrocement vengé, des obsèques solennelles.

Des écrivains passionnés ou inexactement docu-
mentés, ont représenté les crimes de la *Glacière*
comme prémédités et organisés par les meneurs de

la Révolution avignonnaise. Les plus audacieux n'ont pas craint d'insinuer que les révolutionnaires avaient eux-mêmes fait assassiner leur chef Lescuyer pour avoir le prétexte d'anéantir leurs ennemis dans une effroyable vengeance. Cette thèse, inspirée des calomnies de l'abbé Maury et des pamphlétaires papistes, ne mérite guère les honneurs d'une réfutation. Le meurtre du chef des patriotes et sa terrible revanche appartiennent l'un et l'autre à ces crimes des foules qui brusquement font explosion au milieu des orages politiques. A l'histoire impartiale, les massacres de la nuit du 16 octobre 1791 apparaissent de plus en plus, suivant l'opinion de l'historien Lanfrey, comme les « représailles spontanées » et immédiates du supplice de Lescuyer. Vainement, on chercherait à prouver le contraire à l'aide de procédures instruites ou de mémoires écrits par d'irréconciliables adversaires, dénués de toute garantie d'impartialité.

On n'admettra pas non plus, qu'on puisse prendre texte de ces atrocités pour attribuer aux avignonnais, pas plus aux papistes qu'aux révolutionnaires, le triste privilège d'une exceptionnelle férocité. Chaque nation, chaque dynastie, chaque secte, a dans son passé d'analogues épisodes. Les lamentables annales du fanatisme et de la raison d'état, racontent, à chaque page, des drames plus cruels que celui d'Avignon ; ses misérables acteurs, sortis du peuple ignorant et opprimé, à ce titre plus excusables, ne firent que répéter, avec moins d'ampleur, le geste des

inexorables vindictes religieuses et politiques, pontificales et princières. Notre époque, en dépit des progrès de l'esprit de tolérance et de paix, continue, sous
d'autres formes, les traditionnelles barbaries ; elle a
connu aussi les massacres de prisonniers et d'otages ;
le fleuve de sang coule toujours sur le monde.

**Novembre et Décembre 1791. -- Les commis-
saires du roi à Avignon. — Reprise de la mairie
par les royalistes. — Réaction contre--révo-
lutionnaire : arrestations et enquêtes. — Protes-
tation des patriotes à l'assemblée législative**

Le gouvernement royal se décidait enfin à faire
partir les trois commissaires civils dont l'envoi avait
été ordonné le 14 septembre 1791, en vue d'organiser
le territoire annexé. L'ancien médiateur Lescène-
Desmaisons était membre de cette nouvelle mission.
Elle n'arrivait à Avignon, escortée des troupes du
général de Choisy, que le 8 novembre, plus de vingt
jours après la sanglante catastrophe qu'elle était destinée à prévenir. Le parti royaliste reprit le pouvoir
sous ses auspices. Le maire Richard, en fuite depuis
le 21 août, était réinstallé par ces « députés du roi ».
Ses adversaires, les *administrateurs provisoires*,
étaient décrétés de prise de corps, et, avec eux, Duprat aîné, Jourdan, Minvielle, soixante autres patriotes désignés comme coupables de participation directe
ou indirecte aux récents évènements révolutionnaires.

Beaucoup de ces accusés parvinrent à s'enfuir ; 46 purent être saisis par les soldats de Choisy et prirent aux prisons du Palais la place des papistes et des royalistes égorgés le 16 octobre, guettés par des ennemis impatients de leur faire subir le même sort.

Une brutale réaction sévit alors, soutenue par le général de Choisy qu'une pétition à l'Assemblée nationale appela le « *Bouillé du Midi* » (1). Les soudards allemands du régiment de Lamarck pillèrent la maison de Duprat jeune, traînèrent sa femme par les cheveux jusqu'aux cachots où elle fut jetée avec les patriotes que les officiers aristocrates traitèrent impitoyablement. Rovère, délégué auprès de la Législative, qui l'admit aux honneurs de la séance du 28 novembre 1791, put dénoncer les commissaires du roi, « commissaires exterminateurs », et le commandant de leurs troupes, comme « favorisant le parti aristocratique », résolus à laisser dans l'oubli le massacre de l'église des Cordeliers et à sacrifier les révolutionnaires « complices égarés de la vengeance du fils de Lescuyer ».

Une commission spéciale d'enquête fut créée, composée d'adversaires politiques des accusés. Tous ceux

(1) Le général Bouillé personnifiait, à ce moment, le militarisme agressif, ennemi du peuple, soutien du roi et des émigrés. C'est lui que visa le couplet de la *Marseillaise* :

> « Mais ce despote sanguinaire,
> Mais les complices de Bouillé,
> Tous ces tigres qui, sans pitié,
> Déchirent le sein de leur mère. »

qui avaient eu à souffrir de la Révolution furent mandés devant elle, en pleine effervescence contre-révolutionnaire, sans aucune garantie pour la défense. L'assemblée législative fut saisie de protestations contre cette procédure qui parodiait la justice ; à la séance du 9 février 1792, le député Bréard s'en fit l'écho, s'éleva contre ce tribunal d'exception où « les citoyens qui pourraient déposer en faveur des « accusés n'oseraient se rendre, parce qu'ils s'y trouveraient entourés de leurs plus mortels ennemis ».

La contre-révolution dans le Midi, dénoncée et combattue par Rebecqui, Barbaroux et Rovère.

La contre-révolution faisait des progrès dans le Midi, à Avignon comme à Marseille, à Nîmes, à Arles, à Aix. La scission devenait chaque jour plus profonde entre les royalistes et les patriotes. Les suspicions contre le gouvernement royal se généralisaient et s'aggravaient. On dénonçait le complot, que, tout autour des frontières, formaient les émigrés, d'envahir la France avec les armées étrangères, pour y chasser l'assemblée nationale et rétablir le pouvoir absolu. Des rassemblements excités par la noblesse et le clergé réfractaire étaient prêts à se donner la main depuis les Cévennes jusqu'aux Alpes. Avignon et le Comtat, avec leurs puissantes attaches ecclésiastiques, eussent été le centre de ralliement des forces réactionnaires. Les troupes de Choisy y étaient à la disposition de l'aristocratie, se reliaient au régiment suisse en garnison à Aix, auraient servi de trait d'union avec l'armée des émigrés.

Marseille eut conscience de ces dangers. Sa municipalité délégua à Paris l'éloquent Barbaroux, déjà républicain, dans le but d'appeler l'attention de l'Assemblée législative sur la situation critique du Midi ; en outre, elle mobilisait quelques bataillons qu'elle confiait à Rebecqui, un ami de Barbaroux futur girondin comme lui, avec mandat de parcourir la Provence et d'y réprimer les menées contre-révolutionnaires. Dans le courant de mars 1791, à la tête de 4.000 Marseillais, Rebecqui se rendit à Aix et y désarma le régiment suisse, puis à Arles où il dispersa un rassemblement hostile et installa un camp pour rassurer les patriotes.

Pendant ce temps, à Paris, Barbaroux secondé par Rovère, multipliait ses démarches auprès des groupes de la Législative qui rapidement s'orientaient vers la République. Ensemble, le délégué de Marseille et celui des révolutionnaires avignonnais accusaient le général de Choisy de s'être livré aux ennemis de la nation et de persécuter les défenseurs de la liberté ; ils montraient Avignon et Carpentras redevenus des foyers d'aristocratie, depuis que les anciens chefs de l'armée de Vaucluse et leurs principaux partisans étaient proscrits ou emprisonnés. Ils insistaient pour une amnistie en faveur de ces citoyens qu'à la suite de la procédure machinée contre eux par les royalistes on allait sans doute frapper à mort. Ils demandaient l'annexion au département des Bouches-du-Rhône de l'ancienne enclave papale en vue de la mieux soustraire aux influences rétrogrades. Une adresse du département du Gard lue à la séance de la Législative du 16 mars 1792 et de nombreuses lettres venues de Nîmes, d'Arles et de Marseille appuyèrent les démarches de Rovère et de Barbaroux.

Mars à Juin 1792. — Amnistie en faveur des révolutionnaires avignonnais. — Le district de Vaucluse réuni aux Bouches-du-Rhône. — Echec des royalistes aux élections communales d'Avignon.

Comme urgent remède au péril contre-révolutionnaire dans la région du ci-devant Etat pontifical, Rovère et Barbaroux proposaient de remettre en liberté les patriotes détenus au Palais des Papes. Ils rappelaient que parmi eux étaient incarcérés les chefs énergiques « que tant de plumes vénales avaient peints comme des brigands », en haine de leur effort opiniâtre pour rendre à la France le pays de Vaucluse. Ces hommes avaient dû, à la fois, braver les foudres du Vatican, vaincre l'armée du pape et la résistance du roi. On leur devait autre chose que la calomnie, la prison et l'échafaud. Libres, ils tiendraient en respect la réaction.

L'assemblée législative mit en discussion une proposition d'amnistie que Bazire et Vergniaud soutinrent éloquemment. Le club des Jacobins se prononça dans le même sens. Le marquis d'Antonelle qui, depuis sa campagne avec les Avignonnais, était devenu député des Bouches-du-Rhône, apporta son témoignage en faveur de ses anciens compagnons d'armes. Le 19 mars 1792, aux applaudissements des tribunes, les patriotes d'Avignon étaient amnistiés.

Mais leurs geôliers royalistes ne les relâchaient pas encore. Il fallut qu'au début d'avril, des gardes nationaux des Bouches-du-Rhône vinssent forcer leurs cachots, les délivrer et les emmener avec eux au camp des Marseillais à Arles où, accueillis par Rebecqui, ils furent à l'abri des menaces de leurs adversaires.

Quelques jours après le vote de l'amnistie, le 26 mars 1792, l'assemblée nationale continuant à s'occuper des ci-devant possessions papales, se décidait à les faire entrer dans l'organisation départementale à laquelle on n'avait point encore osé les incorporer. Mais par un dernier reste de l'influence du passé, on séparait encore Avignon de Carpentras : Avignon, plus avancé, avec le district de Vaucluse, était attribué au département des Bouches-du-Rhône; Carpentras, plus conservateur, avec le district de l'Ouvèze, à la Drôme.

Rebecqui, le commandant de l'armée marseillaise, fut invité à venir organiser le nouveau district des Bouches-du-Rhône. Ramenant les patriotes vauclusiens, il fit avec eux, le 29 avril, une entrée triomphale à Avignon. Les gardes nationaux révolutionnaires réoccupèrent le Palais des Papes et les remparts tandis que s'éloignaient les troupes aristocrates de Choisy.

Le 17 juin 1792 avaient lieu de nouvelles élections municipales. Une administration dévouée aux opinions républicaines, qui progressaient chaque jour, succédait à la municipalité royaliste. Duprat jeune était élu maire d'Avignon dont il devait bientôt être aussi le député.

L'Autriche somme la France de rendre Avignon au pape. — Election à Avignon des députés des Bouches-du-Rhône à la Convention. — Abolition de la royauté.

A Paris et sur les frontières du Nord les évènements se précipitaient. Effrayé des périls que courait la cour de France, poussé par les émigrés et le Saint-Siège, l'empereur d'Autriche venait de signifier un insolent ultimatum : rétablir le roi, la noblesse et le clergé dans leurs prérogatives et privilèges, rendre Avignon au Pape. Si précieux et si désirable était notre Avignon qu'il devenait un des enjeux dans la lutte formidable entre la Révolution et toutes les forces du passé.

Les armées étrangères, guidées par les émigrés, envahissaient la France. La patrie était déclarée en

danger. Les volontaires de 1792 volaient aux frontières, tandis qu'aux journées du 20 juin et du 10 août
le peuple de Paris, brisant les lignes de gardes suis-
ses, chassait le roi des Tuileries. Un des bataillons
marseillais de Rebecqui avait figuré aux combats du
10 août. Quand, revenant à Marseille, il traversa
Avignon, il fut fêté par la municipalité patriote.

Maintenant éclataient les massacres de septembre,
bien autrement terribles que ceux d'Avignon. Les
prisons de Paris et de Versailles ruisselaient du sang
des victimes égorgées par centaines. Pendant ces hor-
reurs, Vaucluse, un instant calmé, uni aux districts des
Bouches-du-Rhône, préparait avec eux les élections
pour la Convention qui allait remplacer la Législative.

Avignon participait, pour la première fois, à une
élection nationale française. On avait décidé que
l'assemblée électorale du département s'y tiendrait ;
Barbaroux, le beau tribun marseillais, qui venait de
défendre à Paris les patriotes avignonnais et de se
faire le champion de l'idée républicaine, présida les
opérations du vote. Il fut élu un des premiers. Avec
lui devenaient aussi représentants des Bouches-du-
Rhône à la Convention, trois des anciens comman-
dants de l'armée vauclusienne : Rovère, Duprat
jeune, maire d'Avignon, et Minvielle. Bientôt deux
autres des chefs révolutionnaires étaient nommés :
Duprat aîné à la présidence du tribunal d'Avignon,
Jourdan, comme capitaine, au commandement de la
gendarmerie de Vaucluse.

La Convention, dans sa première séance, du 21 septembre 1792, abolit la royauté. La République fut proclamée. Les députés avignonnais furent des premiers à voter cette émancipation du peuple français.

Avril à Août 1793. — Marseille pour les Girondins, Avignon pour les Montagnards. — Création du département de Vaucluse. — Avignon occupé par les fédéralistes marseillais, délivré par l'armée de la Convention. — Mission de Rovère et Poultier.

Après l'exécution de Louis XVI, la lutte ne tarda pas à s'engager à la Convention, entre la Gironde et la Montagne. Elle eut son contre-coup à Marseille, dès Avril 1793. Les sections électorales y constituèrent des comités permanents qui embrassèrent la cause girondine et firent emprisonner, jusqu'à Avignon, de nombreux patriotes suspects de sympathies jacobines. Les aristocrates et les émigrés encourageaient ce mouvement dont ils espéraient profiter.

L'insurrection parisienne du 31 mai 1793 détermina la défaite des Girondins, fit suspendre leurs pouvoirs et amena leur arrestation. Trois représentants des Bouches-du-Rhône furent ainsi incarcérés : Barbaroux, et les deux Avignonnais, Duprat jeune et Minvielle qui dès leur entrée à la Convention s'étaient associés à sa politique. Marseille s'irrita de cette violence faite à sa représentation, dénonça l'attentat

de la Commune de Paris contre l'assemblée nationale, fit appel à la fédération des provinces pour ré-
sister. Des troupes fédéralistes furent aussitôt armées. Elles remonteraient la vallée du Rhône, gros-
sies des secours qui leur viendraient des Cévennes,
se joindraient aux Lyonnais aussi en révolte, aux
Vendéens, et iraient rendre aux Girondins leur place
à la Convention.

Avignon demeura fidèle à la Montagne, marcha
d'accord avec Rovère qui s'était séparé de ses collègues, et protestait à la Convention contre l'arrestation
par les sections marseillaises de ses meilleurs amis.
Avec lui, les députés montagnards exprimaient leur
réprobation à l'égard de Marseille, jadis « le foyer du
plus ardent patriotisme », devenue l'espoir des royalistes et des émigrés. Avec lui, Billaud-Varennes déclara que « Marseille étant en état de contre-révolution, il fallait soustraire Avignon à sa dictature... »
Le 26 juin 1793, un décret détachait le district de
Vaucluse des Bouches-du-Rhône, et l'érigeait en département ayant Avignon pour chef-lieu. Carpentras,
Apt et Orange étaient adjoints au nouveau département, que Rovère et Poultier, envoyés en mission,
étaient chargés d'organiser.

Les sections de Marseille ne voulurent pas laisser aux deux *missionnaires* de la Convention
le temps d'arriver à Avignon, et, à l'abri de ses remparts, de leur barrer la route, dans la marche de
leurs troupes vers Lyon et Paris. L'armée fédéraliste

se mit, sans tarder, en campagne, et parvint, le
7 juillet 1793, au bac de Nove sur la Durance. Ce
qu'on avait pu réunir de la garde nationale avignonnaise chercha à lui disputer le passage. Un jeune
soldat vauclusien, de treize ans, Agricol Viala, se fit
tuer bravement dans le combat. Mais les fédéralistes,
plus nombreux, eurent facilement raison de leurs adversaires et pénétrèrent le même jour dans l'ancienne
cité papale où ils pillèrent et opprimèrent les partisans de la Montagne. Ils occupaient en même temps
L'Isle-sur-Sorgue.

La Convention, de son côté, avait ordonné au général Carteaux de descendre de Grenoble avec la légion des Allobroges, de s'opposer à l'entreprise des
rebelles marseillais et de seconder Rovère et Poultier
pour défendre « l'unité et l'indivisibilité de la République. » Carteaux installait son camp au Pontet le
23 juillet, occupait Villeneuve, reprenait L'Isle, et le
26 juillet, après avoir essuyé le feu des canons fédéralistes en batterie sur le rocher des Doms, forçait
les Marseillais à évacuer Avignon. D'après une légende, Bonaparte, alors simple capitaine, aurait contribué à la victoire de Carteaux par une habile ma-
nœuvre d'artillerie. En réalité, d'après les récentes
recherches de M. Chuquet, il ne passa à Avignon
qu'après ces évènements pour y surveiller les convois
de poudre destinés aux opérations sur les Alpes.
L'armée de la Convention poursuivit sans lui les rebelles, les jeta de l'autre côté de la Durance, reprit
Marseille et y délivra les patriotes.

Rovère et Poultier firent leur entrée dans le chef-lieu de Vaucluse à la suite de Carteaux. Le 12 août 1793, ils proclamaient officiellement la création du département, aux cris enthousiastes de « Vive la République!» « Vive la Montagne!» Deux des patriotes de la première heure étaient promus aux postes principaux de la nouvelle organisation départementale : Duprat aîné devenait procureur général syndic, Jourdan, chef d'escadron de la gendarmerie. Fouque était élu président du tribunal criminel, Guintrandy, président du conseil général, Agricol Moureau, membre de ce conseil, Bruny, président de l'administration du district.

Sous le nom de Vaucluse, Avignon et le Comtat entraient enfin, avec une personnalité propre, dans la grande famille française. Plus de trois ans s'étaient écoulés depuis ce mois de juin 1790 où les Avignonnais avaient prononcé la déchéance de leur souverain pontifical, années de tumultes politiques, de victoires et de défaites révolutionnaires ; trois ans avaient été nécessaires pour qu'Avignon et le Comtat s'élevassent de la sujétion ultramontaine à l'état de département français, de l'absolutisme romain à la constitution républicaine.

Décembre 1793. — Mission de Maignet
La Terreur dans le Vaucluse

Rovère et Poultier continuèrent leur mission en

donnant un « exemple, rare à cette époque, d'humanité et de modération dans la victoire... ils épargnèrent aux Vauclusiens les cruelles représailles qui ensanglantèrent Lyon, Marseille et Toulon... » En octobre 1793, ils écrivaient au Comité de Salut public ces paroles prophétiques : « Nous détestons les maximes sanguinaires et exagérées parce qu'elles perdront le peuple et le livreront à la tyrannie... »

Mais une faction dirigée par Agricol Moureau grandissait et faisait grief à Rovère de sa modération. Les terroristes dominaient de plus en plus à la Convention. L'ex-congréganiste de Beaucaire représentait dans le Vaucluse leur implacable système. Il dénonçait Rovère comme le « continuateur de l'infâme Danton, » mettant à combattre les anciens révolutionnaires autant de violence que ceux-ci en avaient déployé jadis, contre le pape et le roi. C'était la lutte coutumière des partis extrêmes qui, dans la course vers leur idéal jamais atteint, sacrifient ceux qui s'arrêtent un instant, jusqu'au jour où par une fatale réaction, ils sont eux-mêmes mortellement frappés.

A l'instigation d'Agricol Moureau, soutenu par Payan, agent de Robespierre à la Commune de Paris, on remplaça Rovère et Poultier par un des plus déterminés terroristes de la Convention, l'inexorable Maignet, qui venait de se signaler à Lyon. Sous l'impulsion de ce *missionnaire*, l'incendie et les massacres de Bedoin, les exécutions de la *Commission populaire* d'Orange devaient faire, er. trois mois (mai à juillet 1794), plus de victimes qu'en trois années toutes les convulsions d'Avignon.

Du groupe qui s'était levé pour abattre la domination pontificale, Lescuyer avait disparu le premier, Duprat jeune et Minvielle étaient montés sur l'échafaud avec les Girondins, Duprat aîné ne dut son salut qu'à la fuite, Jourdan, accusé lui-même de modérantisme, sur le rapport de Maignet, fut condamné à mort par le tribunal révolutionnaire de Paris. Rovère demeura, seul de ses amis, pour combattre le terrorisme, accuser Maignet, et après Thermidor, réparer les désastres de la Terreur. Mais cette période dépasse le cadre de notre étude qui s'achève au moment où l'énergie obstinée d'*Avignon révolutionnaire* vient d'aboutir à créer le département de Vaucluse.

Traités de 1797 et de 1814 consacrant la réunion d'Avignon et du Comtat à la France

La cour de Rome ne reconnut jamais complètement le fait accompli. Le 19 février 1797, après avoir envahi les Etats pontificaux italiens et battu les troupes papales, Bonaparte fit bien signer à Pie VI, dans le traité de Tolentino, une renonciation à tous ses droits sur ses anciennes possessions du Rhône. Mais cet abandon fut contesté, par la suite, comme n'ayant pas été libre et comme vicié par la force des armes qui l'avait imposé. Aussi, après la chute de Napoléon, les négociateurs français du traité du 30 mai 1814, conclu avec les puissances coalisées, eurent-ils soin de stipuler que « les cours alliées assuraient à la France la possession de la principauté d'Avignon et du Comtat-Venaissin. » Elle est encore discutée par d'incorrigibles ultramontains.

Principaux révolutionnaires
d'Avignon

Après le tableau des évènements que nous venons
de retracer, nous grouperons ici les principaux per-
sonnages qui les accomplirent, en consacrant à cha-
cun d'eux, par ordre alphabétique, une sommaire no-
tice. Leurs physionomies ont été étrangement défigu-
rées par les écrivains de réaction, dont les opinions,
à leur égard, ont été admises sans contrôle par la
plupart des historiens, même les plus favorables à la
Révolution. Leurs biographies fantaisistes n'ont
guère fait que se copier les unes les autres, sans aucun souci de critique historique ; il serait temps d'y
faire pénétrer quelques éléments nouveaux, de les
mettre au courant des recherches contemporaines, et
d'en éliminer les injures et les légendes indignes de
l'histoire. Si on s'en rapportait naïvement à leurs ap-
préciations surannées, c'est à de véritables malfaiteurs,
« brigands de Vaucluse », que nous serions redeva-

bles de l'inestimable bienfait d'appartenir à la France
et d'avoir déjà vécu avec elle un siècle de progrès.

Nos patriotes avignonnais ne méritent pas d'être
jugés avec un tel parti-pris de dénigrement. Nous de-
vons leur tenir compte des circonstances exception-
nelles qui, dans la formidable mêlée sociale de leur
temps, provoquèrent leurs fautes et leurs excès. Sans
doute, ils eurent leurs faiblesses et leurs passions ;
mais leurs adversaires étaient-ils donc sans repro-
che ? On se souviendra que ces révolutionnaires furent parmi les premiers à entrevoir le noble idéal de
notre démocratie, et qu'ils luttèrent pour lui au péril
de leur vie. Ils avaient profondément ressenti la
souffrance des abus de leurs gouvernants ; leur raison ne pouvait continuer à accepter un état politique
tout d'autorité et de privilège. Soumis à un régime
théocratique, ils n'avaient aucun moyen légal de faire
triompher leurs légitimes aspirations. Seule, l'insurrection pouvait les affranchir et préparer à travers les
malheurs, suite fatale du combat qu'ils durent soutenir, les progrès pacifiques de l'avenir.

*
* *

Duprat aîné. — Né à Avignon en 1752 ; fut un des
hommes d'action les plus énergiques de la révolution
avignonnaise. Dès 1789, à l'avant-garde des partisans de la réunion à la France ; en 1791, un des chefs
de l'armée réunie au camp de Monteux pour la conquête du Comtat ; colonel de la garde nationale au

moment du supplice de l'infortuné Lescuyer. Ce fut dans l'exercice de cette fonction, qu'avec Jourdan, il procéda à l'arrestation immédiate de ceux qui étaient désignés comme auteurs ou complices de l'assassinat du chef des patriotes ; d'où, contre ces deux officiers révolutionnaires et leurs amis, l'accusation d'avoir dirigé les représailles de la *Glacière*. On ne peut guère que leur reprocher de ne pas avoir pris les mesures nécessaires pour tenter de les empêcher. Les calomnies réactionnaires les représentent fêtant dans une orgie nocturne le triomphe des massacreurs.

L'amnistie du 19 mars 1792 fit cesser les poursuites engagées contre leur parti, à l'occasion de ces massacres. Duprat aîné fut alors nommé président du tribunal ; ensuite, procureur général syndic du département de Vaucluse, au moment de sa création. Il soutint avec Jourdan, devenu chef d'escadron de la gendarmerie, la politique de Rovère, devenu, lui-même, député à la Convention nationale. C'était une politique de modération relative par opposition à celle des autres jacobins.

Mais le parti terroriste triompha bientôt, grâce à l'appui du représentant Maignet envoyé en mission dans le Midi. Au mois de Floréal an II, ce *missionnaire* dénonça Duprat aîné au Comité de sûreté générale comme ayant acquis à vil prix des biens nationaux et comme favorable aux ennemis de la Révolution. C'étaient les accusations réciproques habituelles aux adversaires politiques de cette époque.

L'ancien lieutenant général de l'armée vauclusienne ne dut son salut qu'à la fuite, d'abord, puis à la chûte de Robespierre.

Après Thermidor, Duprat aîné reprit le commandement de la garde nationale d'Avignon et contribua par son énergie à la défaite définitive des hommes de la Terreur. Bientôt, sur la recommandation de la municipalité et de Rovère qui rappelèrent « sa bonne conduite à la bataille de Sarrians », il était promu adjudant général à l'armée d'Italie et avançait rapidement dans la hiérarchie militaire. Kellerman l'attacha à son état-major et le soutint de son influence jusque sous l'Empire. On le trouve au camp de cavalerie de Saint-Omer en l'an XII, à Mayence en 1806. Devenu général de brigade, il mourut le 6 juillet 1809 d'un coup de feu reçu à la bataille de Wagram. Il avait alors 57 ans.

Il eut, plusieurs fois, à se défendre au cours de sa carrière d'officier supérieur, contre des dénonciateurs l'accusant d'avoir été parmi « les auteurs des massacres commis à Avignon et connus sous le nom de la *Glacière.* » Dans un mémoire du 8 Brumaire an VII, il répond à une de ces dénonciations que ces massacres, œuvre anonyme d'une foule en délire, furent provoqués par l'assassinat de Lescuyer et par un « complot des papistes qui voulaient immoler quinze ou seize des citoyens ayant le plus marqué dans la Révolution. » Il se fait gloire d'être du « petit nombre des citoyens qui arrachèrent Avignon et le Comtat à la domination du Pape et qui sont, depuis, en butte aux calomnies des ennemis de la Révolution. »

Sous le ministère du général Boulanger, M. Hennet, archiviste au ministère de la guerre, fut chargé de choisir, pour chaque caserne de France, le nom d'un officier du pays, mort au champ d'honneur. C'est en suite de ce travail que le nom de Duprat fut donné à la caserne de ce Palais des Papes où avaient eu lieu les massacres injustement reprochés à l'ancien révolutionnaire.

Duprat jeune. — Né à Avignon en 1763; commerçant en soieries ; fut, avec son frère aîné, parmi les plus chauds partisans de la réunion d'Avignon à la France, et prit une part active aux opérations de l'armée de Vaucluse. Pendant la campagne contre Carpentras, il fut accompagné de sa jeune femme qui montait à cheval et ne redoutait pas le péril. Elle fut appelée par les papistes « l'amazone de l'armée de Monteux », et par eux aussi calomniée. Avec elle, d'autres citoyennes avaient suivi les bataillons avignonnais ; on ne craignit pas d'affirmer que ces femmes avaient mis en pièces des cadavres ennemis et en avaient dévoré des lambeaux.

Duprat jeune présida l'assemblée électorale de Vaucluse qui dirigeait l'action des patriotes. Envoyé en mission à Paris pour plaider la cause de la réunion,

il combattit énergiquement les intrigues anti-fran-
çaises de l'abbé Maury.

Comme les autres révolutionnaires d'Avignon, il
fut accusé des massacres de la Glacière. Sa maison
et ses magasins furent pillés pendant la réaction qui
sévit après l'entrée des troupes du général de Choisy ;
il en résulta pour lui la perte de sa fortune. La jeune
« amazone de l'armée de Monteux », cruellement
frappée par la soldatesque de Lamarck, fut traînée en
prison.

Maire d'Avignon en juin 1792, deux mois plus tard,
Duprat jeune était élu député à la Convention. Lié
avec Barbaroux, représentant de Marseille, il entra
avec lui dans le parti de la Gironde et attaqua les
Jacobins. Aussi fut-il bientôt suspect de modérantisme.
Impliqué dans le procès des Girondins, il rappela en
vain qu'il avait contribué à chasser le Pape et à donner Vaucluse à la France. Condamné à mort par le
tribunal révolutionnaire, il fut exécuté le 31 octobre 1793, à peine âgé de trente ans. En 1795, des secours furent accordés, par la Convention, à ses enfants et à sa veuve.

*
* *

Jourdan. — Né en 1746, dans le Velay, région des
puys volcaniques, longtemps ravagée par les guerres
de religion. De lointains atavismes, les souffrances
d'une race paysanne autrefois persécutée. contribuè-
rent, peut-être, à faire de lui le futur révolutionnaire.

Il fut d'abord muletier, conduisant entre le Velay et les provinces du Midi, à travers les Cévennes et la vallée du Rhône, les convois de blés et de vins. On assure sans preuve suffisante que, tandis qu'il exerçait ce métier, il aurait été impliqué dans une affaire de rébellion armée aux agents des fermiers généraux ; la peine de mort aurait été prononcée contre lui, par la *Commission du Conseil de Valence*. Ce tribunal d'exception fut une des institutions les plus odieuses de l'ancien régime. Ses assassinats judiciaires pesèrent sur la tête des 31 fermiers-généraux qui montèrent sur l'échafaud pendant la Terreur. S'il est exact que Jourdan fut la victime de ses iniques procédures, — il se serait, d'ailleurs, évadé la veille du supplice, — on s'expliquerait mieux encore sa légitime ardeur pour la Révolution libératrice.

Des biographies romanesques le font figurer à la prise de la Bastille et à l'attaque du château de Versailles. A la date de ces évènements, Jourdan était à Avignon où il avait pu créer un petit commerce de transports, et il conduisait ses attelages entre Lyon et Marseille, faisant circuler les soies et les garances du Comtat. Nous avons dit comment, avec les patriotes de Vaucluse, il combattit pour la France. Robuste, audacieux, d'une intelligence supérieure à son éducation, c'est par lui que Lescuyer, Rovère, Minvielle et les Duprat, plus instruits, plus raffinés, agissaient sur les ouvriers des corporations et les paysans de la banlieue. Ancien muletier, il représentait le prolétariat parmi les chefs révolutionnaires d'Avignon.

On sait qu'en 1791, il devint général de l'armée de Vaucluse, puis commandant du *fort* d'Avignon, et comment, Duprat aîné et lui, avec leurs principaux amis, injustement accusés d'avoir présidé aux massacres de la Glacière, furent amnistiés en 1792. Le 20 décembre de cette même année, un arrêté du Directoire des Bouches-du-Rhône nommait Jourdan capitaine de gendarmerie à Avignon. Le 2 septembre 1793, les missionnaires Rovère et Poultier l'élevaient au grade de chef d'escadron. C'est en cette qualité, qu'il était délégué par le conventionnel Goupilleau (de Montaigu pour les opérations de la grande levée de chevaux. Le représentant témoigna à la Convention des services qu'il avait rendus à cette occasion.

Pourvu d'une fonction militaire importante, le chef d'escadron Jourdan aurait pu se désintéresser de la politique ; mais fidèle à ses anciens amis et à son passé, il continua à rester dans la mêlée des partis. Au début de janvier 1794, il se rendit à Paris pour y dénoncer la faction hostile à Rovère. La Convention lui accorda les honneurs de la séance Le club des Jacobins lui vota le baiser fraternel qu'il reçut du Président.

Grisé par ces succès, Jourdan, revenu à son poste, crut pouvoir entrer en lutte avec les membres du tribunal criminel qu'il arrêta et avec les autres terroristes ennemis de Rovère. Ceux-ci firent appel contre lui au représentant Maignet qui, précisément, était envoyé dans le Vaucluse pour pousser aux dernières rigueurs le gouvernement révolutionnaire. L'ancien général de l'armée d'Avignon fut livré à Fouquier Tinville qui le comprit dans une de ses grandes journées du tribunal révolutionnaire de Paris. Condamné à mort en même temps que les officiers de l'état-major de Dumouriez, il fut exécuté avec eux le 9 Prairial, an II (27 mai 1794).

A la suite de l'abbé Maury, qui avait personnifié en Jourdan la révolution avignonnaise, et avec lui cherchait à la déshonorer, des historiens pamphlétaires, tels que l'abbé André, le père Huguet, l'abbé Jorry, racontèrent à son sujet les légendes les plus extravagantes. On fit de lui non seulement le *coupe-tête* des journées de juillet et d'octobre 1789, et le « général des brigands d'Avignon », mais encore le chef des massacreurs de septembre 1792 à Paris, même, le président du tribunal révolutionnaire de Paris, confondant ainsi, en lui, quatre ou cinq personnalités différentes. Ces assertions, inspirées par un aveugle parti-pris, se réfutent presque d'elles-mêmes, et sont démenties par les témoignages les plus autorisés, par de nombreux documents.

Avant de proposer Jourdan pour la charge de capitaine de gendarmerie à Avignon, le Directoire des Bouches-du-Rhône s'était livré à un examen complet du passé de cet officier et l'avait trouvé digne du poste de confiance auquel on l'appelait. L'arrêté de nomination, qui existe aux archives des Bouches-du-Rhône, et qui a été publié, fait justice des diffamations répandues contre l'ex-général de l'armée de Vaucluse, cite les marques de « son patriotisme pur et désintéressé ». Cet arrêté fut confirmé par le ministre de la guerre de Beurnonville, plus tard maréchal de France ; et quelques mois après, quand Jourdan fut promu chef d'escadron, en récompense de « son mérite et de ses services », le *Courrier d'Avignon* écrivit que ce choix était approuvé par « tous les ennemis du crime. »

Lescuyer. — Naquit en Picardie vers 1746. Il vint à Avignon vers 1771, occuper un emploi de clerc chez le notaire Messein et s'y fit apprécier par ses aptitudes et sa probité. Bientôt il était nommé titulaire de cet office notarial, se mariait, et jusqu'à 1789 se renfermait dans l'accomplissement scrupuleux des devoirs de sa charge. On le comptait cependant parmi les esprits mécontents des abus du régime italien. Dès le début de la Révolution, il devenait l'ardent promoteur de la réunion immédiate d'Avignon et du Comtat à la France.

Doué d'une vive intelligence, ayant des connaissances juridiques, actif, éloquent — « notre Mirabeau » disait de lui Sabin Tournal, — il fut promptement considéré comme une des personnalités les plus influentes du parti révolutionnaire, et à ce titre, désigné à la haine des partisans du régime papal. Les *mémoires* du consul papiste Commin et du dataire

Giorgi s'acharnent à l'avilir, le peignent avec une figure d'assassin : « une figure basse, creuse et ignoble décélait sa férocité. Jamais il ne riait. Ses yeux pompaient le sang... »

C'était l'homme de tête du parti patriote, son juriste, son diplomate. Il fut un des délégués envoyés à Paris après le 12 juin 1790 pour offrir Avignon à la France. Ce fut lui qui organisa l'Assemblée électorale de Vaucluse, et à la fin d'août 1791, l'administration provisoire à la suite de la victoire des révolutionnaires sur la municipalité royaliste.

Nous ne reviendrons pas sur les circonstances atroces dans lesquelles il fut assassiné, et sur les terribles représailles qui vengèrent sa mort. Duprat jeune, puis Rovère prirent après lui la direction du parti qu'on avait cru abattre en frappant son chef.

Le fils de Lescuyer, qui, à peine âgé de seize ans, avait été aide de camp de Rovère à l'armée de Vaucluse, et qui, d'après certains témoignages, devrait être rangé comme vengeur de son père, parmi les plus furieux massacreurs de la Glacière, fit ensuite une rapide carrière militaire. A vingt-cinq ans, il était colonel des armées de la République en Italie. De graves blessures reçues en divers combats, où il se signala par sa bravoure, l'obligèrent à quitter prématurément le service.

* *

Minvielle. — Né à Avignon en 1764 ; faisait le

commerce des soies et possédait une grande situation de fortune quand commença la bataille entre les papistes et les révolutionnaires avignonnais. Minvielle mit toute son activité au service de la Révolution. Il alla à Nîmes, à Arles, à Marseille, à Aix, solliciter des concours pour la révolte contre le Pape. Elu membre de la municipalité patriote, il soutint énergiquement la cause de la réunion à la France, et fut délégué à Paris pour y représenter Avignon à la grande Fédération du 14 juillet 1790.

Il fit partie de l'Assemblée électorale de Vaucluse et fut, en même temps, un des lieutenants de Jourdan à l'état-major de l'armée. Au cours des opérations, il s'employa pour faire obtenir aux soldats une indemnité de quarante sous par jour.

Avec ses amis politiques, il parcourut le cycle révolutionnaire avignonnais : lutte contre les papistes, ensuite contre les royalistes, arrestation après les massacres de la Glacière, puis amnistie.

Elu député à la Convention, Minvielle, loin de s'y classer parmi les terroristes, s'efforça, au contraire, d'y modérer les violences et les excès. Il embrassa le parti des Girondins, combattit pour la République avec Barbaroux, beau et courageux comme lui. Avec lui il succomba. Traduit au tribunal révolutionnaire, il fut condamné à mort et exécuté le 31 octobre 1793. Il n'avait point encore 30 ans.

On aura un aperçu de la manière dont furent traités, par certains écrivains, les patriotes avignonnais, en lisant cet extrait d'une note consacrée à la mère du malheureux conventionnel vauclusien, dans un des principaux ouvrages sur la révolution d'Avignon : « Les femmes des tyrans se réjouissaient dans un « festin des malheurs dont leurs époux et leurs *amants* « étaient les auteurs. La mère de Minvielle, cette « femme digne d'avoir donné le jour à de pareils « monstres... manifestait l'ardent désir *de prendre un* « *bain dans le sang des aristocrates...* ces *Phalaris* « femelles... insultaient dans leur orgie à la douleur « publique... et éclataient de rire aux cris des malheu- « reux qui passaient sous leurs fenêtres... »

Moureau (Agricol). — Né à Avignon en 1766 ; s'affilia à la congrégation de la Doctrine chrétienne et professa la rhétorique au collège des *Doctrinaires* de Beaucaire, où il se trouvait au début de la Révo-lution. En même temps que les autres congréganistes de ce collège, il prêta. en 1791, le serment d'obéis-sance à la constitution civile du clergé, et se lança ensuite dans le mouvement politique, y apportant les tendances jansénistes de la congrégation qu'il venait de quitter.

L'insurrection des Avignonnais contre le pape l'attira dans sa ville natale. Il y débuta en qualité de commis de Sabin Tournal, à la rédaction du *Courrier d'Avignon* et ne tarda pas à s'y mettre en vue par ses opinions exaltées. Impliqué comme son patron dans la procédure de la *Glacière* il bénéficia aussi de l'amnistie.

En relations avec Payan, un des conseillers les plus écoutés de Robespierre, Agricol Moureau vit son rôle grandir à Avignon, après l'exécution des députés girondins Duprat jeune et Minvielle. Les autres révolutionnaires de la première heure, quoique marchant avec les Jacobins, commençaient eux-mêmes à devenir suspects de modérantisme. L'ancien congréganiste entra en conflit avec eux, attaqua violemment Rovère, devint le chef du parti terroriste. Aussi, Rovère envoyé en mission dans le Midi, avec Poultier, le fit-il arrêter après la création du département de Vaucluse et transférer à Paris où il demeura quelque temps, incarcéré au Luxembourg.

Grâce à Robespierre, il fut élargi, ce qui lui permit de venir assister le représentant Maignet dans l'organisation de la Terreur. Placé à la tête de l'administration vauclusienne, il collabora aux mesures qui eurent pour résultat les affreux massacres de Bédoin et les 332 exécutions de la Commission populaire d'Orange.

La chute de Robespierre et la mission de Goupilleau (de Montaigu) succédant à Maignet mirent fin à l'influence d'Agricol Moureau, rendirent le pouvoir aux amis de Rovère devenus les modérateurs de la Révolution dans le Vaucluse. Puis Moureau se modéra à son tour.

On le retrouve, en 1807, avocat au barreau de Paris, ayant évolué, avec la majorité de ses contemporains du jacobinisme au bonapartisme, passant ensuite, après 1830, au royalisme constitutionnel, obtenant une place de juge de paix à Paris et la décoration de la Légion d'honneur.

Au milieu de tant de changements, son hostilité contre l'ultramontanisme avait cependant survécu. En 1818, il avait publié une brochure : « *Réflexions sur les protestations du pape Pie VII, relatives à Avignon et au Comtat* » où l'ex-prêtre doctrinaire réfutait les tenaces prétentions que Rome émettait encore au sujet de son pouvoir temporel sur ses anciens états du Rhône.

A la même époque paraissait un virulent opuscule dans lequel le jurisconsulte Emeric rappelait à Moureau son passé oublié de terroriste : « *L'homme rouge ou Agricol Moureau jugé sur ses actes* », par Ramuel habitant de Bedoin. Il y est dit « qu'Agricol Moureau demeurera à jamais, pour l'effroi de son pays, l'homme de sang, l'homme rouge. »

Obligé, vers 1839, par la perte de sa vue, à abandonner ses fonctions judiciaires, Moureau se retira à Aix-en-Provence où il mourut en 1842.

*
* *

Rovère. — Né à Bonnieux en 1748. Ainsi que sur tous les révolutionnaires avignonnais, la diffamation s'est largement exercée sur Rovère. A en croire la plupart des biographies, il aurait débuté comme faussaire en falsifiant des pièces généalogiques.

En mars 1772, à 24 ans, il entrait aux mousquetaires du roi de France. Licencié en 1776, il achetait une charge de capitaine de la garde suisse du vice-Légat d'Avignon. Deux ans après, il se mariait et cédait sa charge de capitaine. Mais sa femme ne tardait pas à le délaisser. Il tournait alors son activité vers la politique.

Ayant fait de complètes études, l'esprit ouvert, imbu des idées philosophiques qui avaient préparé la Révolution, l'ancien mousquetaire accueillit avec enthousiasme, dès leur origine, les manifestations du parti français d'Avignon. D'après un rapport de Menou, il fut « un des premiers à inspirer le feu de la liberté dans le Comtat et à lever l'étendard de la révolte contre le fanatisme des prêtres et l'orgueil des nobles. »

Après avoir commandé à l'armée de Vaucluse en qualité de lieutenant général de Jourdan, au mois de Juin 1791, Rovère était désigné pour négocier entre Avignon et le Comtat le traité de paix convenu avec les *médiateurs* français. « Il est à remarquer, dit Menou, dans son mémoire sur Rovère, que ce traité de paix présente une des époques les plus importantes pour la reconnaissance du principe sacré de la souveraineté des peuples. Les Avignonnais et les Comtadins y stipulèrent comme peuples libres et indépendants, qui ne reconnaissaient que leur propre souveraineté... Le citoyen Rovère en coopérant à ce traité a donc rendu service non seulement à son pays mais

encore à tous les peuples auxquels les principes sui-
vis par les Avignonnais et les Comtadins ont donné
un grand exemple. »

Nous avons fait connaître que par ses pressantes
démarches il contribua au vote de l'amnistie de 1792
en faveur des patriotes avignonnais. Elu député à la
Convention, il fut pendant sa mission de 1793, l'orga-
nisateur du département de Vaucluse. Les excès
qu'y commirent les terroristes avec Maignet, accen-
tuèrent son opposition au système de la Terreur. Il
s'associa ardemment aux débats qui déterminèrent la
chûte de Robespierre et de son parti. Pendant la
journée du 9 Thermidor, il était adjoint à Barras pour
le commandement des troupes appelées à défendre la
Convention.

C'est à cette période de sa vie, que Rovère, divorcé
lui-même, épousa la femme divorcée de l'émigré
d'Agoult qui lui apportait une grande fortune. Il oc-
cupa alors à Paris une situation très enviée. Comme
la plupart des révolutionnaires, il participa à l'achat
des biens nationaux. Il posséda de grands domaines
à Sorgues et à Bonnieux. En l'an III, il devint président de la Convention, puis membre du Comité de
Sûreté générale.

Les républicains de Vaucluse lui maintinrent leur
confiance pour les élections de Vendémiaire an IV
(octobre 1795), au Corps législatif qui remplaça la
Convention. Trois autres départements lui avaient
également donné la majorité, On a vainement pré-

tendu, qu'à ce moment, il avait renié ses principes et s'était mis au service de la réaction royaliste.

On sait comment, au 18 Fructidor an V (août 1797), les républicains se trouvèrent divisés. Le parti de Barras que soutenait l'influence de Bonaparte triompha. Les directeurs Carnot et Barthélemy et, avec eux, de nombreux députés parmi lesquels le représentant vauclusien furent condamnés à l'exil ou à la déportation.

Emprisonné et transféré à la Guyane, Rovère, alors âgé de 49 ans, ne put longtemps supporter les souffrances de toutes sortes qui lui furent infligées ainsi qu'à ses compagnons d'infortune. Il succomba bientôt. Sa malheureuse femme s'était courageusement embarquée avec ses deux enfants pour aller le rejoindre à Cayenne. Mais elle arriva trop tard. Elle revint à Avignon où elle acheva son existence dans la misère en 1818.

* *

Tournal (Sabin . — Né à Grenoble, en 1754. Après avoir végété comme maître d'école, il trouva à Avignon, vers 1783, dans les bureaux du *Courrier d'Avignon*, un emploi de rédacteur politique où il se fit rapidement remarquer. A l'approche de la Révolution, il devint, dans ce journal, le défenseur des idées nouvelles, en opposition avec Bérard, l'éditeur privilégié du *Courrier*, qui, dévoué aux papistes, combattait les tendances de son collaborateur. Mais, par délibération de novembre 1790, le conseil communal révolutionnaire d'Avignon enleva à Bérard son privilège. Tournal devint le seul directeur du *Courrier* et put y soutenir librement la cause de la réunion à la France.

Homme d'action autant que journaliste, Tournal prit une part directe aux agitations anti-papistes. Il fut un des chefs de l'armée avignonnaise dans ses opérations contre le Comtat, et, à ce titre, s'attira aussi la haine et les calomnies des partisans de la cause papale. Il était capitaine de la garde nationale, quand, après l'assassinat de Lescuyer, eurent lieu les terribles représailles. Un de ses employés, Loubet, aurait été parmi les plus acharnés vengeurs du chef des patriotes. Son commis, Agricol Moureau, fut également inculpé dans l'affaire. Accusé avec les autres principaux révolutionnaires d'avoir dirigé ces massacres, Tournal bénéficia comme eux de l'amnistie ; avec eux, il rentra en triomphe à Avignon.

En septembre 1792, l'assemblée électorale, lui donnant un témoignage de sa confiance, le nommait directeur des postes de Vaucluse. Il continuait à rédiger le *Courrier d'Avignon*, qui devenait quotidien. Il publiait divers ouvrages : *Recueil des pièces du procès de Louis Capet et de son épouse* ; *Journal pour servir à l'histoire du XVIIIe siècle*, dont il était l'auteur.

En août 1793, pendant le séjour que Bonaparte fit à Avignon, à la veille du siège de Toulon, Tournal lui édita son fameux *Souper de Beaucaire*. On sait que le futur empereur, alors simple capitaine d'artillerie, était un fervent jacobin. On lui présenta le fils de la victime des papistes, le jeune Lescuyer, qui, bientôt, colonel aux armées d'Italie, lui rappela plus tard ce souvenir.

Peu après, Tournal était obligé d'abandonner son journal. Sa santé avait été profondément altérée par les souffrances de sa captivité, au cours de la procédure de la *Glacière*. La rédaction du *Courrier* passa à Agricol Moureau. Pendant la Terreur, l'ancien compagnon de Rovère à l'armée d'Avignon fut dénoncé avec lui comme entaché de modérantisme. Il dut se cacher pour éviter d'être arrêté; à partir de cette époque, on perd sa trace.

Une brochure anonyme, publiée pendant les Cent Jours, prétend qu'en 1804, Sabin Tournal présenta aux Tuileries « un mémoire de 200 francs pour frais d'impression avec un exemplaire du *Souper de Beaucaire* pour constater la dette. Bonaparte s'informa avec inquiétude si c'était le seul qui restât, et offrit de donner 500 francs de chaque exemplaire d'une édition pour laquelle il n'avait pu payer 200 francs en 1793 ».

FIN

Principales Sources à consulter

Archives de Vaucluse, des Bouches-du-Rhône, de la Drôme, d'Avignon, de Carpentras, de Cavaillon.

Documents du Musée Calvet, de la Bibliothèque de Carpentras, de la Bibliothèque Nationale.

Archives du Ministère de la Guerre.

Archives parlementaires.

Réimpression du *Moniteur universel*.

Histoire politique de la Révolution Française, par Aulard.

Revue de la Révolution Française.

Essai sur l'Histoire de la Révolution Française, par Lanfrey.

Histoire de la Révolution Française, par Cabet.

Histoire socialiste de la Révolution Française, par Jaurès et ses collaborateurs.

Histoire de la Révolution en Provence, par Lourde et Lardier.

Les Débuts de la Révolution en Provence, par Viguier.

Mémoires de Barbaroux.

Le Courrier d'Avignon.

Les Annales patriotiques du Comtat-Venaissin.

Documents sur le Club des Jacobins, publiés par Aulard.

Correspondance du Comité de Salut public et des représentants en mission, publiée par Aulard.

Histoire des Réunions temporaires du Comtat-Venaissin, par Charpenne.

Les Montagnards, par Esquiros.

Papiers de Goupilleau (de Montaigu) à la Bibliothèque de Nantes.

Carnet de route de Goupilleau (de Montaigu) publié par Michel Jouve et Giraud-Mangin.

Papiers de Maignet à la Bibliothèque de Clermont-Ferrand.

Documents sur la Révolution d'Avignon publiés par Duhamel.

Le Fils du patriote Lescuyer, par M. J.

Viala, par le Dr Laval.

Sabin Tournal, par François Rouvière.

Dans le sens royaliste et napiste

Charles Soullier — Histoire de la révolution d'Avignon et du Comté Venaissin Avignon - 1844. 2 vol.

abbé André — Histoire de la révolution avignonaise Paris - René - 1844. 2 vol.

TABLE DES MATIÈRES

CAVAILLON. — IMP. MISTRAL — 4.059

[illegible]